CRÓNICAS DE LA HIJA DE UN PASTOR

Fui, soy, y seré siempre. Nunca renunciaré

Dora L. Rivera

BALBOA.
PRESS

A DIVISION OF HAY HOUSE

Puede hacer pedidos de libros de Balboa Press en librerías o poniéndose en contacto con:

Balboa Press
Una División de Hay House
1663 Liberty Drive
Bloomington, IN 47403
www.balboapress.com
1 (877) 407-4847

Debido a la naturaleza dinámica de Internet, cualquier dirección web o enlace contenido en este libro puede haber cambiado desde su publicación y puede que ya no sea válido. Las opiniones expresadas en esta obra son exclusivamente del autor y no reflejan necesariamente las opiniones del editor quien, por este medio, renuncia a cualquier responsabilidad sobre ellas.

El autor de este libro no ofrece consejos de medicina ni prescribe el uso de técnicas como forma de tratamiento para el bienestar físico, emocional, o para aliviar problemas médicas sin el consejo de un médico, directamente o indirectamente. El intento del autor es solamente para ofrecer información de una manera general para ayudarle en la búsqueda de un bienestar emocional y spiritual. En caso de usar esta información en este libro, que es su derecho constitucional, el autor y el publicador no asumen ninguna responsabilidad por sus acciones.

Las personas que aparecen en las imágenes de archivo proporcionadas por Thinkstock son modelos. Este tipo de imágenes se utilizan únicamente con fines ilustrativos. Ciertas imágenes de archivo © Thinkstock.

Información sobre impresión disponible en la última página.

ISBN: 978-1-5043-9508-3 (tapa blanda)
ISBN: 978-1-5043-9509-0 (libro electrónico)

Numero de la Libreria del Congreso: 2018901327

Fecha de revisión de Balboa Press: 01/29/2018

CONTENIDO

DEDICATORIA

Dedico este libro primeramente al que me ha permitido sobrellevar cada experiencia y continuar con el mismo entusiasmo disfrutando ser hija de pastor. Y ese es mi Dios. También a mi madre Justina Rivera y a todos mis hermanos. Si tuviera presente en esta tierra a mi padre también para él sería la dedicación. Pero está disfrutando de la presencia de Dios.

Solo puedo escribir de él, no tuvo muchos estudios, y en administración de sus finanzas demostró un doctorado. Gracias a Dios por lo mucho que aprendí de él. Y honro en este libro sus enseñanzas tanto espiritual, como secular. Su integridad y fiel defensor de lo que creyó y de la manera que lo aprendió. Evidenciando en su vida y con su vida lo que profesaba.

También la persona más importante en mi vida desde hace 29 años, y ha sido mi apoyo incondicional en todo a mi esposo. A mis hijos porque mis últimas experiencias plasmadas en este libro como madre, ellos fueron el motivo.

A Cristy Ramirez, quien fue el instrumento en hacer posible que este libro fuera publicado. Siendo mi sueño atesorado desde muy joven. A mi hijo Christian Santiago por mantenerme en comunicación con la editorial Balboa Press y por enviarles el manuscrito. Tambien a iPicKri por las fotos tomadas. Pueden ver sus fotografias en instagram.

Por último, a ustedes lectores. Que este libro cumpla con el propósito por el cual fue escrito. Esperando que te identifiques con mis experiencias vividas, y a la vez pueda bendecir tu vida, familia, e iglesia.

INTRODUCCIÓN

Ese momento en que no sabes si reír o llorar. Has escuchado que tus padres han salido para una entrevista y no tienes muchos detalles sobre la misma. Solo les han dicho que en la iglesia donde son miembros llegara un delegado del comité ejecutivo para entrevistarlos. A su regreso, solo escuchas que hay varias iglesias sin pastor. Pasando una semana reciben un comunicado que han cumplido con los requisitos y serian instalados en su 1era. Iglesia. ¡Que alegría! escuchar cuando todos dicen "Estos son los hijos del pastor". Aquí encontraras algunas de mis experiencias como hija de pastor. Una travesía que tuvo muchos desiertos, pero al final de ello disfrute los manantiales de agua que me refrescaron. Mi relación con Dios se profundizo y la fe tuvo que ser activada. Todo esto para prepararme en un ministerio de servicio, compromiso y entrega. El poder restaurador de Cristo me llevo a matricularme en la escuela del perdón. En todo momento difícil o de indecisión lo que habían sembrado en mi corazón pudo prevalecer. La grandeza de mi Dios afino mis oídos para escuchar las voces correctas. Confrontando tanto la soledad como las enseñanzas falsas de nuestros tiempos. Dándole honra al que la merece nuestro Señor.

ESTAS SON LAS
CRÓNICAS DE LA HIJA
DE UN PASTOR.

¿Escogí ser hija de pastor?

2 Timoteo 4:5

Pero tú se sobrio en todo, soporta las aflicciones, haz
obra de evangelista, cumple tu ministerio

A la edad de 10 años tuve la hermosa experiencia de ser llena del espíritu santo. Solo recuerdo el apellido de un hombre de Dios, el cual era ciego, puso su mano en mi cabeza y oro al señor y así fui participe de la presencia de Dios en mí. Luego de esto sufrí un toque de las tinieblas y enfermé. Un clavo traspaso mi pie izquierdo, hubo infección crónica, y estuve seis meses sin poder ir a la escuela. Me operaron y aun así la infección seguía fuertemente. Motivada por una cirugía sin anestesia. Faltando solo semanas para recibir un nuevo miembro en el hogar, Dios intervino y me sano. Los familiares que se acercaban a mis padres les decían que podía ser una enfermedad maligna y los médicos no hubieran dicho nada. Cuando nació mi hermana, ya podía poco a poco atender quehaceres del hogar mientras mi padre trabajaba y mi madre se recuperaba del parto. Un dato muy importante para mis recuerdos era, que se usaban las lavadoras de rodillos. Pero toda la ropa de bebe y pañales se lavaban a mano. La tarea consistía en lavar más de una docena de los mismos diariamente. Logre con la ayuda de Dios y mis padres graduarme de sexto grado con solo seis meses de estudio. Luego de esto, comienza el ministerio pastoral.

Mi familia y yo solíamos viajar tres y cuatro veces a la semana desde Ponce hacia Peñuelas (aproximadamente 26km, 40 minutos de viaje) para la primera iglesia bajo su ministerio. Éramos ocho hijos para ese tiempo, o sea, diez en total. Yo no alcanzaba de momento a comprender el porqué de esa lucha incansable, no se quedaba nadie en el hogar y por esta causa viajamos todos juntos. Muchas veces muy tarde en la noche nosotros detenidos en la carretera con la guagua dañada, algunos de mis hermanos dormían plácidamente, sin saber nada de lo que sucedía alrededor. Los mayores muy atentos en el cuido de los demás y pendientes a todo detalle de nuestra transportación. No escogí ser hija de pastor, pero Dios así lo determino.

Son muchos los retos a los cuales nos enfrentamos, cuando adquirimos el "título" hijo de pastor. Pero no es motivo para preocuparnos o renunciar. Sabiendo que estos retos serán necesarios; tanto para nuestro crecimiento espiritual, como emocional. Ante todo, las bendiciones recibidas son mucho más que cualquier circunstancia que tengamos en el camino del ministerio pastoral.

TRAVESÍA EN EL MINISTERIO PASTORAL DE MIS PADRES

Jeremías 29:11

*Porque yo se los pensamientos que tengo acerca de
vosotros, dice Jehová Para daros el fin que esperais*

Comenzaron su pastorado en Peñuelas, P.R. y para estar más cerca de los hermanos de la iglesia nos mudamos. Mientras todos mis hermanos estudiaban en escuelas cercanas, a mí me correspondió viajar a Ponce para continuar mis estudios. Ya en este comienzo yo contemplaba como mis padres trabajaban para mantener nuestra familia, y a la vez cumplir con su ministerio. Llego el momento de un traslado de iglesia para Coamo. Viajamos los primeros meses y considerando la distancia, mis padres decidieron mudarse hacia un barrio de Barranquitas. Ante todo, no era costumbre considerar si todos estábamos de acuerdo o no. Tuve que aceptar terminar el último año de escuela superior con maestros y estudiantes que no había conocido antes. Transición sumamente difícil. En ese lugar se celebró la primera boda de mi familia, ahora ya no estaba el hermano mayor en el hogar. Me correspondía asumir un poco más de responsabilidad familiar. Pasaron aproximadamente tres años y llego el próximo traslado de iglesia el cual fue en un barrio en Ponce. Seguimos viajando, pero esta vez, de Peñuelas a Ponce. Al poco tiempo nos mudamos, y hubo otro traslado para otra iglesia

3

en la misma ciudad. Es aquí donde mis hermanos tuvieron traslado de escuela. En esta nueva iglesia pudimos desarrollarnos en muchas áreas. Durante nueve años no ocurrieron traslados de iglesias, pero si hubo cambios en el núcleo familiar. Se celebraron tres bodas. Al cumplirse los nueve años mi padre pidió traslado y fue instalado en el barrio Paris de Lajas y nos mudamos. Seguí viajando de Lajas a Ponce a trabajar, y mis hermanos tuvieron cambios de escuela. Estando en este lugar, se celebraron dos bodas, aunque las mismas fueron en Ponce. Al tiempo sucedió otro importante traslado de iglesia, como todos los demás, para Guayanilla. La noche de la instalación pastoral, algunos jóvenes no pudieron asistir, y uno de ellos fue el vicepresidente de jóvenes que hoy en día es mi esposo. Como hija del pastor comencé de inmediato a integrarme en el trabajo con los jóvenes. Y en este tiempo el vicepresidente de jóvenes estaba decidido a tomarse unas vacaciones y detenerse en el hogar. El desaliento y circunstancias lo presionaron a considerar esa opción. Dios que todo lo sabe, en una campaña evangelística durante esos mismos días lo bautizo con el espíritu santo. Luego de eso nos conocimos formalizando una relación y nos casamos. Es en este lugar que acontece mi separación de la familia pastoral.

Mis padres continuaron su travesía en el ministerio. Al año salen para otra iglesia. Es en esta iglesia donde fuimos marcados como familia. Aunque no fui miembro de esta congregación, cuando visitaba a mis padres los acompañaba a la iglesia. Mi padre se enfermó, y después de estar hospitalizado un mes, al salir, recibe la gran noticia: "La iglesia no puede continuar con un pastor que tiene la probabilidad de enfermarse nuevamente". Solo por esta causa acepto retirarse de la misma. Llego el día menos esperado, donde mi hermano mayor, su esposa, mi esposo y yo, desfilamos por aquella iglesia, mientras la iglesia les despedía, nosotros los recibimos. Así ayudándolos a mudarse porque vivían en la casa pastoral. Pero quedo la satisfacción en el corazón de mis padres que hicieron el trabajo con visión y cumpliendo la misión. De este lugar regresaron a la misma iglesia de Peñuelas, donde habían comenzado y allí se retiraron del ministerio. Por último, toda su vida desde su matrimonio fueron miembros activos de la iglesia de Dios Pentecostal Movimiento Internacional, Región de Puerto Rico. Hoy todavía nuestra madre y muchos de la familia pertenecemos a este movimiento.

Trayecto y experiencias

Job 42:5

De oídas te había oído, ahora mis ojos te ven

Se formo mi carácter de niña, en una joven comprometida para Dios. Siempre me gustaba la enseñanza bíblica y todo lo que tenía que ver con la obra del señor. En todas las iglesias aprendí cosas distintas. Desde saber esperar en Dios para todo, así entregando mi voluntad completa. A orar intensamente, hasta sentir la convicción que mi oración fue escuchada. En la tercera iglesia durante el ministerio de mis padres, ya estaba en la universidad. Y Dios en su misericordia dirigió mis pasos. Teniendo todo preparado para terminar mis estudios universitarios, y trasladarme a otro recinto, se cumplió una palabra profética que Dios me había dado en el 1974 atraves de un pastor metodista. "Estudiaras y te proveeré un trabajo, para que ayudes a tu familia, según me has pedido". Una amiga y hermana de la iglesia donde asistía, comenzó a trabajar en una institución bancaria, la cual me recomendó y comencé a trabajar el 27 de junio del 1977. Se cumplió mi deseo de no solo cuidar de mis hermanos, si no poder ayudar la familia económicamente.

Sobre todas las cosas el señor me permitió influenciar a otros con mi testimonio cristiano. Cada palabra que Dios me dio para muchos jóvenes, vi el cumplimiento de ello. Hoy unos son pastores, otras misioneras, y otros siguen siendo laicos comprometidos con

Dios, con la iglesia, y con la organización a la que pertenecen. Son varios concilios que han sido bendecidos al recibir estos hermanos y obreros de compromiso. Jóvenes llenos del poder de Dios. Vidas que fueron transformadas para su gloria. Reconozco que solo la autoridad de Dios lo hizo en mi. Recuerdo en una ocasión, conocí a una mujer, luchadora incansable, trabajadora, y muy devota en lo que creía. Una mañana cuando llegue a mi trabajo, me acerque para explicarle una visión que había tenido en la madrugada. Dios me mostraba aquella mujer y a sus hijas en una lucha terrible. Y esto estaba sucediendo en el colegio privado donde ellas estudiaban. La administración del lugar le privo de unas oportunidades y beneficios becarios, para otorgar los mismos a estudiantes de clase privilegiada en la sociedad. Me pidió de favor que llamara a su hogar y orara por sus hijas. Dios lo permitió, pues tres meses después visitaron una iglesia de avivamiento y aceptaron a Jesús como su salvador. Hoy puedo escribir que esta mujer esta morando con nuestro Dios.

En una ocasión salí a visitar con mi padre ya que mi madre estaba enferma y no podía acompañarle. Al llegar a la residencia la dueña comienza a explicarle a mi padre su intención de no volver a la iglesia, porque visitaría un templo para orientarse y aprender sobre una nueva enseñanza de aquel tiempo, "Jesús solo". De inmediato tan pronto ella termino de hablar el espíritu santo me tomo y comencé a hablarle palabras que yo no comprendía. Si estaba consciente de que Dios le ministraba en aquel momento. Cuando abrí mis ojos, vi a la hermana de rodillas pidiéndole a Dios que la ayudara por que no quería confundirse. Y decía en voz alta, "Dios yo te amo, no permitas que me aparte de ti". Mis ojos espirituales fueron abiertos para comprender la profundidad del poder de Dios en acción. Dios me seguía capacitando y de esta manera ingrese a la AJEC (asociación de jóvenes embajadores de cristo) iglesia de Dios pentecostal movimiento internacional. Trabajo que me comprometía cada día mas con mi Dios. Los campamentos de jóvenes nos dirigieron a desarrollar lideres con unción y compromiso. Recuerdo mi primera predicación en un culto misionero. Utilicé una famosa frase, "Gloria a Jesús para siempre", 33 veces en 45 minutos de mensaje.

Dios comenzó a dirigir a mis hermanos biológicos y hablarle de diferentes maneras. Siempre que salíamos ellos estaban bajo mi cuidado porque yo era la mayor. Unos predicaban el mensaje, y otros ayudaban a ministrar. De esta manera sentía el compromiso de ayudarles y servirles como una madre. Fueron experiencias gratas y maravillosas. Presenciar como Dios usaba de manera poderosa a mis hermanos, fue un gran regocijo. Sentirme parte de esos ministerios que se iban a desarrollar. Uno de mis hermanos, siendo muy joven, comenzó a ministrar la palabra en una obra nueva. Eso lleno mi corazón de una inmensa alegría al saber que estaba aportando algo para ver lo que Dios haría con mis hermanos. Viví la experiencia con una de mis hermanas; ella oraba incansablemente para que Dios la llenara del espíritu santo. Me uní a ella en oración y ayuno, hasta que la presencia del espíritu santo la lleno.

Como hija de pastor y creyente fiel de este evangelio sentía la responsabilidad de compartir a Jesús por las calles. Visitando casa por casa invitándoles a ir a la iglesia y ofrecerle culto en el hogar. Que mucho nos gozamos al ver vidas postradas para recibir salvación. Recibí enseñanzas de mis padres y un ardiente deseo y llamado para rescatar las almas.

En una ocasión mi madre sufrió una infección terrible en la parte superior de la oreja. Su apariencia no era la mejor. Era tan grave que podía perder la mayor parte o toda la oreja. Oramos con los hermanos de las iglesias y Dios hizo el milagro. Luego mi padre se accidento un dedo del pie y al ser diabético el doctor nos dijo que había que controlar su condición para luego operarlo y tal vez amputarle el dedo. Llevaba tres meses que Dios nos revelaba que el partiría de esta tierra. Una hermana de la iglesia sentía la misma inquietud. Ella oraba que fuera la voluntad de Dios y yo oraba para que Dios le extendiera la vida. Dios me respondió y le añadió dieciséis años más de vida. Aunque ya se fue a morar con el señor mi oracion fue contestada en aquel momento.

El don de fe

Marcos 11:24

Por tanto, os digo que todo lo que pidieres orando,
creed que lo recibiréis, y os vendrá

Muy agradecida de mi Dios aprendí que el don de fe se desarrolla. Ya no de oídas si no de vista. Fui declarada intercesora, aunque de momento no entendía la responsabilidad que esto conllevaba. No tan solo para mi familia, sino para todos los que conozco y los que conocí que necesitaron la oración. Declarando por la palabra que todo lo que pidiere en su nombre será hecho. La gloria toda le pertenece a Él. Comenzando mi matrimonio tuve tres abortos. En un lapso de tiempo razonable, perdiendo las esperanzas de tener hijos biológicos, mi esposo y yo decidimos abrir nuestro corazón para recibir en nuestro hogar a dos niños referidos por el departamento de la familia. Una experiencia que marco nuestras vidas. Le brindamos amor y cuido, pero más importante le instruimos en la palabra de Dios. Teniendo la oportunidad de verlos crecer adorando al señor junto a nosotros. A los tres meses de esto, después de haber enterrado el sueño de llevar en mi vientre una criatura, Dios en su misericordia utilizo a un pastor para anunciarme de que tendría un hijo. Para mi sorpresa a los cinco años de casada tuve mi primer hijo biológico.

La bendición de Dios fue tanta que no tuve uno, si no que, a los dos años y siete meses, a la edad de cuarenta años, quedé embarazada nuevamente. Durante este embarazo tuve varias experiencias que conmovieron mi corazón. Una de ellas ocurrió a los ocho meses. Mi esposo quedo encerrado en el baúl del carro. Se encontraba limpiando el mismo por dentro, y al sentarse buscando comodidad, la tapa del baúl se cerró con el viento. Para empeorar la situación las llaves estaban dentro del carro. Ante todo, yo me encontraba durmiendo la siesta del día. Mi esposo acostumbraba poner música en un tono elevado para disfrutar los canticos mientras daba mantenimiento al auto. Haciendo imposible que yo le escuchara mientras él me llamaba. De pronto la criatura comenzó a brincar en mi vientre y desperté. Fui en busca de mi esposo, mas no lo encontré, pero vi las llaves en el asiento. Inmediatamente escuché una voz muy débil de dentro del baúl, abrí, y cayó al suelo extenuado. Dios lo libro de morir asfixiado. Pero esto ocasiono que se adelantara mi parto. Tuve un bebe prematuro al haber nacido un mes antes de los nueve meses. Diariamente le daban paros respiratorios. Oramos y el toque de la mano del señor lo sano. Este mismo hijo a la edad de año y medio, cayo de un balcón de seis pies de alto. Al llegar al hospital tenía un golpe en la cabeza, y en su cerebro retención de sangre. Los médicos indicaron que había 72 horas críticas. Comenzamos a activar la fe. Le sacaban placas cada tres a cuatro horas y todo seguía igual. Cerca de las 72 horas, nos avisan de que ya la sangre de su cerebro había salido. La obra del poderoso se había realizado. Tenía dieciocho puntos internos, y seis externos en su frente. Al término de un día más, ya estaba completamente recuperado en el hogar.

Habla, No calles

Hechos 18:9

Entonces el señor dijo a Pablo en visión de noche:
"No temas, sino habla y no calles

Hijos de pastores tenemos que comprender a todos, pero no todos nos comprenden a nosotros. Tenemos identidad que Dios nos ha otorgado. Pero nuestra personalidad es única, como nuestras características físicas y cualidades. No nos parecemos a nadie. Seamos demasiado conservadores o liberales, del señor somos. Dios comenzó a darme mensajes específicos para diferentes personas. Siendo muy joven, muchos ponían en tela de juicio, o sea dudaban de que fuera de Dios. La poca madurez emocional en ese momento de juventud me hizo guardar los mensajes solo en mi corazón. Por lo tanto, en muchas ocasiones recibía mensajes y no los daba. Hasta que un día, Dios me hablo atraves de una hermana, "Usa el don que te he dado, los dones no se guardan, pues no son tu propiedad". Gracias a Dios entendí, que no importaba que me menospreciaran, tenía que hacer la voluntad de Él. Aprendí, que mientras yo era criticada, otros eran bendecidos. En otras palabras, mientras se oprime a la aceituna, produce un buen aceite.

CREO EN EL MINISTERIO DE LOS ÁNGELES

Lucas 1:19

Respondiendo el ángel dijo: Yo soy Gabriel, que estoy delante de Dios, y he sido enviado para hablarte y darte estas buenas nuevas

Nuestro amado Dios hace lo que quiere, con quien quiere, como quiere, y cuando quiere. Su soberanía no tiene límites. Salí de mi residencia a cumplir con unos compromisos familiares. Al regreso, aparecieron llamadas registradas en mi teléfono residencial. Como de costumbre devolví llamadas, sin la menor idea de que Dios tenía sorpresas. Al llamar a esos números me contestaban, que la razón por la cual ellos llamaban era porque habían recibido llamadas de mi teléfono residencial. Algo imposible ya que en ese horario no había nadie en la casa. Mi esposo se encontraba trabajando y mis hijos en sus respectivas escuelas. Solamente mi esposo y yo teníamos llaves de la residencia. Entendiendo que no era casualidad, me identificaba como servidora de cristo y le ofrecía la oración. Para mi sorpresa cada persona con la cual me comunicaba estaba pasando momentos difíciles y decisivos en sus vidas. Una de esas personas era una dama que la iban a operar de la matriz. Ella no quería, ya que no había tenido el privilegio de ser madre. Acepto la oración, y Dios se glorifico; no tuvieron que sacarle la matriz. En otra ocasión me ocurrió la misma experiencia, pero esta vez con un hermano biológico. Él estaba pasando por un momento muy difícil y Dios le ministro. Recientemente sucedió algo similar con un sobrino. Estoy en mi trabajo, y recibo una llamada. Al contestarla el me indica que cual fue el propósito de mi llamada. Inmediatamente el espíritu santo me ordena que ore por él. Sin embargo, no lo hice. Al terminar la llamada, comencé a interceder fuertemente por él y su familia. Pidiéndole a Dios que lo guardara en todo. Exactamente a los siete días después, el y su hermano tuvieron un accidente. El auto fue accidentado de manera terrible, pero ellos salieron ilesos. Toda la gloria es para el rey de reyes y señor de señores.

Deseaba asistir al templo temprano en la mañana de un domingo que había retiro congregacional. Al programar el horario en el hogar con mi familia acordamos que en lugar de ir a las 6:00 am, iríamos a las 7:00 am. Por lo tanto, nos levantaríamos a las 6:00 am. Ore al señor al acostarme y le exprese, "Mi deseo es comenzar mi ayuno a las 6:00 am, pero en el templo". Grata sorpresa recibí esa mañana. Sonó la alarma del reloj y nos preparamos. Al salir nos dimos cuenta de que el día estaba más oscuro de lo usual. Aun así, nos fuimos para el templo. Cuando llegamos al templo estaba cerrado, no había nadie aún. Verificamos el horario y eran las 5:45 am, nos habíamos levantado a las 5:00 am y no a las 6:00 am. Las preguntas sin respuestas, ¿quién adelanto la alarma del reloj? Mi esposo aseguro claramente haber programado la alarma para las 6:00 am. Algo tan sencillo, pero de mucha importancia y valor para mí. Dios rompe con nuestra razón, y con nuestra idea de cómo deben ser las cosas para obrar a nuestro favor, siempre que sea para ser bendecidos. Tanto la experiencia de las llamadas, como la de la alarma, me dejan saber de que Dios envía a sus ángeles a ministrar a los suyos.

LA FE NUESTRA TIENE QUE SER ACTIVADA

Juan 11:40

¿No te he dicho que si crees, veras la gloria de Dios?

Comencé a orar pidiéndole a Dios que me diera un corazón fuerte. Al cumplirse un año de vivir en florida, tuve que ser hospitalizada. De inmediato el doctor recomendó un cateterismo. Al otro día antes de salir del hospital el doctor me visito para firmar la salida. Estando presente mi esposo y uno de mis hijos me indico, "Tienes un corazón fuerte para haber tolerado unas presiones arteriales extremadamente altas". Eso lo hace nuestro Dios. En este instante supe que mi oración ya había sido contestada. Lo que pedí eso recibí.

NECESITAMOS SANIDAD INTERNA

Salmos 147:3

El sana a los quebrantados de corazón, y venda sus heridas

No somos murallas para controlar todos los bombardeos. No somos inquebrantables, ni tampoco hostiles. Somos sensibles. Nos quebrantamos. Nuestros sentimientos y emociones se han visto amenazados. Solo el amor de Dios y la experiencia genuina con el espíritu santo, nos mantiene de pies. Nuestros caracteres se han formado con diferentes experiencias y circunstancias. Unos venimos de ministerios pastorales conservadores. Como nuestros padres lo aprendieron, lo practicaron y lo enseñaron. Otros, un poco más liberales, pero del señor somos. La urgencia de esa sanidad interna es ejercitar el perdón. Pues entendamos que la presión a la cual nos enfrentamos por ser hijos de pastor no fue, no es, ni será muy fácil. Además, somos comunes y normales como todos los hermanos de las congregaciones. Luchando, sirviendo, congregándonos, adorando y procurando ser hallados dignos ante la presencia de Dios. Ofreciendo nuestros talentos, nuestros dones, nuestras habilidades en honor a nuestro rey de reyes y señor de señores. Muchas veces se nos exige demasiado comparativamente a los demás hermanos de la iglesia. Pero que bueno es saber que nosotros "hijos de pastores" nos cansamos, nos fatigamos, nos molestamos, pero aun así tenemos una herencia eterna. Si perseveramos siéndole fiel a nuestro Dios.

Hay momentos que, por nuestro carácter y diferentes opiniones con relación a la forma de pensar de nuestros padres, ocurren incomprensiones y desacuerdos. Amamos a nuestros padres como sé que todos los hijos(as) de pastores los aman. Pero las diferencias de opiniones en diferentes conceptos pueden crear un ambiente distinto. Solo puedo escribir que en mi ocurrieron muchísimo. Por varios factores, estuve cerca con ellos hasta la edad adulta. Esto hizo que mi mente, ni mi voluntad aceptaran algunos estilos o posiciones que asumía mi padre en las congregaciones. Dialogamos al respecto y luego yo veía como Dios lo bendecía y la gente llegaba al señor. Ocurrían avivamientos extraordinarios y se veía el fruto del trabajo ministerial. Dios que conoce y nos entiende, tiene siempre el control. En la última ocasión que pude tenerle cerca, estaba cuidándolo junto a mi hermana.

En el momento de ayudarlo en su aseo personal, le abrace en lo que mi hermana le curaba su espalda. Sentí algo especial que me hizo derramar lágrimas y toco lo profundo de mi ser. Su corazón quedo latiendo junto al mío. El espíritu santo ministrando mi vida en testimonio del gran hombre de Dios que fue. Y luego ministrándome por si quedaba alguna incomodidad innecesaria por su trabajo pastoral, en ese momento desapareciera. Era su hija, pero fui miembro de las iglesias que el ministro. Por lo tanto, fue necesaria esa experiencia. Un día después se fue con el señor.

No cambio las experiencias y testimonios

Salmos 16:11

Me mostraras la senda de la vida; En tu presencia hay
plenitud de gozo; Delicias a tu diestra para siempre

Soy hija de un pastor, pero soy hija de mi Dios. Al cual tendré que rendir cuentas. ¿Porque hijos de pastores se han ido del camino y no quieren saber nada más de la verdad del evangelio? El tiempo de nosotros estuvo dividido pues la balanza se inclinó más a la iglesia. La vida muy de prisa. Siendo realista y sin faltarle a la verdad, salíamos a disfrutar en familia. Pero las prioridades eran de la iglesia y luego lo que nosotros deseábamos alcanzar. Hoy puedo decir, valió la pena el evangelio que me enseñaron y los métodos que usaron. Tal vez no fueron los mejores, pero lograron su propósito. Los 13 hijos, estamos en el camino de la salvación.

En muchas ocasiones compre ropa y otros artículos siendo autorizada por mis padres para entregarla a los nuevos jóvenes que aceptaban a cristo. De esta manera podían visitar la iglesia. Muchas veces los padres inconversos se iban con ellos y escuchaban la palabra de Dios. Pero sentía tristeza cuando miembros de la iglesia comenzaban a reprenderlos por su forma de vestir y arreglarse. Logrando que estas personas tomaran la decisión de no volver a la iglesia. Otros llegaban y adquirían madurez espiritual, y perseveraban. Aunque su familia no caminara con ellos, se declararon jóvenes de victoria y luchaban por servirle a Dios.

VIDA UNIVERSITARIA

Efesios 5:15

Mirad, pues, con diligencia como andéis,
no como necios sino como sabios

Comencé mi vida universitaria en el 1974. Utilizaba dos carros públicos como transporte diariamente. Tuve experiencias maravillosas con el señor en la confraternidad cristiana universitaria. En aquel tiempo mis padres no aceptaban el uso de pantalones en la mujer. Yo, como estudiante tenía que obtener 3 créditos en educación física. Mientras la clase era teórica, no hubo problemas. Cuando venía la practica mi madre le cosía puntadas a una falda para que corriera. El profesor me exigía que no corriera en falda. Al terminar de correr descosía las puntadas y me dirigía al terminar de transporte público para regresar al hogar. Mientras otras hijas de pastores si les era permitido usar sus pantalones en la misma universidad.

Mis amistades universitarias tenían de costumbre reunirse en el baño para fumar. Siendo que eran mis amistades, optaba por acompañarlas. Comenzó mi lucha, ya que el olor a cigarrillo poco a poco me iba atrayendo. Llego el momento que soñaba que estaba fumando con ellas. Pero un día, Dios le revela a mi madre que algo no estaba bien en mi vida espiritual. Me aconsejo y tome la decisión de separarme de esas amistades. Dios tan grande y maravilloso, envió un predicador a la confraternidad y así confirmo el consejo de mi madre. Y además me ministró diciendo, "Estudiaras unos términos, pero tendrás un trabajo para ayudar a tu familia". Y en la misma fecha que estaba planificando mi libertad del núcleo familiar, usando de excusas los estudios universitarios; teniendo todo listo y pago por un semestre se abrió la puerta de empleo. De esta manera comencé a bendecir económicamente a mi familia. Después de 15 años en el mismo lugar trabajando y ya casada, pude terminar mis estudios universitarios. Así cumpliéndose mi sueño de graduarme.

Salud psicológica afectada

1 Pedro 5:7

Echando toda vuestra ansiedad sobre El,
porque tiene cuidado de nosotros

La presión a la que me exponía desde niña dio como resultado tantas experiencias no agradables que marcaron mi vida. Una de ellas fueron los ataques de pánico. Presa de un pánico que trate de adaptarme a él como algo natural en mi vida. El sistema nervioso tenía un trastorno poco común. Mi madre una mujer de Dios me facilitaba teses de diferentes yerbas naturales, pero no se iban, solo los calmaba. En ocasiones, me mandaba a orar y ayunar más. Sin ánimo ni voluntad de crítica hacia ella, ya que siempre me he sentido orgullosa de mis padres, esto iba mucho mas allá del ámbito espiritual. Mental y psicológicamente caí en un miedo incontrolable a toda circunstancia que me ocasionara mucho esfuerzo o gasto de energía. De manera que me refugiaba en la lectura, pues era lo único que me mantenía un poco relajada. Cada vez que mi madre salía a dar a luz un nuevo bebe yo caía en pánico. Pensando que, si algo le pasaba, ¿Cómo yo aceptaría la responsabilidad junto a mi padre? Algo tan extremo que desde mi adolescencia ya me estaba programando en mi mente y emociones, que no tendría hijos en el futuro. Trataba de estar siempre ocupada en muchas tareas de la escuela, y del hogar para no pensar. Nunca le exprese a nadie esas luchas mentales que tanto me oprimían. Los ataques de pánico eran tan fuertes por dentro, que cuando sabia de ante mano que tenía una cita médica, fuera para lo que fuera, ya estaba nerviosa. La visitación de Dios fue la que me libero de todo aquello. Gracias a Él.

SOLEDAD

Isaías 41:10

No temas, porque estoy contigo, no desmayes,
porque yo soy tu Dios que te esfuerzo…

Este enemigo para algunos, mientras para otros es una bendición. Viví momentos de soledad en todas las etapas de mi vida. Durante mi niñez, mi madre enfermo muchas ocasiones cada año. Lo mismo de asma que diferentes causas. Esto hacia que tratara siempre de estar cerca de ella, y esforzarme mucho más para ayudarla. Entrando yo en una angustia interna, procuraba aislarme en la escuela donde estudiaba. Por cierto, no lograba mucho tiempo ya que los estudiantes se acercaban y por temor a decir cómo me sentía compartía con ellos. Si mi madre era hospitalizada yo aprovechaba la mucha ocupación en el hogar, trabajos escolares, y demás, para entrar a mi mundo imaginario de soledad. Ya en la juventud manejaba mucho mejor esos momentos. Orando para que Dios me ayudara. Algo que siempre me impresionaba era, que las respuestas a mis oraciones no se hacían esperar. La unción en medio de esa soledad me hacía temblar. Algo muy significativo para mí era que mis padres me observaban y en silencio oraban por mí. Durante las mañanas, al salir para el trabajo, mi madre se levantaba y me acompañaba al auto. Antes de irme, me abrazaba y me decía, "Dios permite tu soledad para que luego puedas ayudar a otros que pasen por lo mismo". Ese momento cuando luchas por evitar toda situación negativa, ya fuera económica o de salud para los tuyos, y toda clase de escasez. Y te encuentras con limitaciones y pocas probabilidades de encontrar una puerta abierta. Pero sentí el momento en que aquella soledad se fue. Comencé a socializar mucho más por mi trabajo secular. Y por la AJEC a la cual me integre y de esta manera trabajar para la obra del señor. Esta soledad ocasiono que adquiriera libro de meditación transcendental. Pero Dios en su misericordia, no me permitió leerlos todos. Solo pude leer algunos. En una actividad de jóvenes, Dios me ministro, sentí como la mano del predicador tocaba mi cabeza en el área de la frente y me quemaba, repitiéndome, "Yo y solo yo tengo el poder y el dominio sobre tus pensamientos". De esta manera me aparte de estudiar a profundidad esta materia. Bendito y alabado sea Dios que me amo, me cuido siempre, y lo sigue haciendo.

Intimidad con Dios

Mateo 6:6

Mas tú, cuando ores, entra en tu aposento, y
cerrada la puerta, ora a tu padre...

En medio de toda mi vida cristiana mi encuentro y relación con Dios, ha sido mi sustento. En este capítulo debo recordar, cada vez que iba temprano en la mañana a mi encuentro con Dios, sentía algo especial. Me daba mensajes para personas de mi trabajo, y veía como la mano de Dios bendecía a los compañeros de trabajo a través de mí. Solo la gloria para El. En muchas ocasiones lo que me mostraba el señor, iba dirigido a mis hermanos de la iglesia. Unas veces no recibían la palabra, en otras, si la recibían con gozo. Nunca en esa intimidad con Dios he sido ilusoria, ni emocionalista. Cuando es Dios el que se revela y nos habla al corazón, estamos seguros de su comunicación. De la manera en que nos entreguemos a Él, en espíritu y en verdad, El tomara dominio de nuestro ser y nos utilizara para su gloria. Cuando muchos peligros se avecinaban para mi familia, el aviso de Dios siempre llego a tiempo. Hemos tenido batallas con los poderes de las tinieblas, pero fiel ha sido nuestro Dios. Cada día el ejercitar nuestra fe y al intimidar con Dios, hemos sido testigos de su poder, unción, y respuesta a nuestras oraciones. Sus provisiones para mi familia han sido grande y extraordinarias. En una ocasión fui con mi padre a comprar zapatos para la familia.

Cuando veo que tiene ya los pares para pagarlos, me da la espalda para que no me diera cuenta de que se estaba secando las lágrimas. Le pregunto que sucedía y me contesto que el dinero no era suficiente. Yo tenía alrededor de 16 años. Me le acerque, lo abrace, y le susurre, "No te preocupes, yo voy a estudiar y trabajare para ayudarte". Jamás olvido esta experiencia. Esa noche fuimos al servicio en el templo, y recibió una ofrenda de un hermano, precisamente la cantidad que necesitaba para terminar de comprar los zapatos. La duda toco luego mi corazón, preguntaba dentro de mí, "¿Para que mis padres se fatigan tanto por los hermanos de la iglesia?". Luego en la intimidad con Dios entendí el compromiso hacia el servicio que ellos tenían en su ministerio pastoral.

MINISTERIO DE SERVICIO

Hebreos 6:10

Porque Dios no es injusto para olvidar vuestra obra,
y el trabajo de amor que habéis mostrado

Viviendo en un hogar pastoral, donde todo el mundo participaba al momento de servir a la iglesia. No hay palabras para definir la alegría que sentíamos al servir y ver nuestros hermanos felices. Pero las críticas no se dejaban desaparecer. Si los hijos del pastor se casaban muy jóvenes, ¿Qué habrá pasado que el pastor no se opuso a esta decisión? Si llegaban a una edad muy adulta, entonces era que había preocupación y motivación de estar pendiente por si acaso era confusión de identidad. Sin considerar, que en muchos casos había condiciones de salud, ya sea mental, física o emocional, que no se divulgaban por los pastores y sus familias. Aun así, muchos fuimos bendecidos por aquellos hermanos de convicción y discernimiento espiritual. Oraban y nos daban palabras de aliento y fortaleza para esperar el momento de Dios para nuestras vidas. Gracias a aquellos hermanos que vivían de rodillas intercediendo por la familia pastoral. Por ellos estamos de pies y en victoria. Hijo de pastor abraza, añora, intercede por el ministerio de servicio. No estoy motivándote a ti como hijo(a) de pastor a tratar de heredar el ministerio pastoral; esto no se hereda. Si Dios te ha señalado y llamado, adelante. Obedece a aquel que te llama. Pero el ministerio del servicio, deséalo y procúralo. Es comprometedor, pero es recompensado por nuestro Dios.

CUIDADO QUE VOZ ES LA QUE ESCUCHAMOS

Proverbios 13:1

*El hijo sabio recibe el consejo del padre; Mas el
burlador no escucha las reprensiones*

Recuerdo en una ocasión, nos visitó una familia, y se
acostumbraba que, al despedirse, se oraba. De momento una hija
de la familia visitante puso su mano en mi cabeza, y comenzó a
orar. Me decía, "Deja todo, iremos de misioneras. Tu amas mucho
la obra. Dios te llama, prepara todo" Termino de orar, y le dice a su
madre, "Ahora saca dos pasajes, uno para ella y otro para mí. Vamos
a ganar almas para cristo". Ya mi aplicación de la universidad y todo
lo relacionado, como afidávit, y becas se habían aprobado. Todo listo
para comenzar mis estudios universitarios. Entonces le correspondió
a mi madre, dialogar conmigo y aconsejarme. Me decía, "Si eso fue
de Dios, Él te abrirá las puertas, y te volverá a ministrar". Obedecí, y
dejé que Dios me dirigiera. A los dos meses, aquella joven se apartó
del camino y salió del núcleo familiar. Por lo tanto, necesitamos
afinar nuestros oídos para escuchar la verdadera voz de Dios. No nos
dejemos confundir. Lo que Dios tiene separado para cada hijo(a) de
pastor, lo hará y lo cumplirá.

FUIMOS, SOMOS, Y SIEMPRE SEREMOS, HIJOS DE UN PASTOR

Jeremías 1:5

Antes que te formase en el vientre te conocí,
y antes que nacieses te santifique

Aunque parezca un poco jocoso al leerlo, el ser hijo de pastor, es como los apellidos. Al nacer nos pusieron un nombre y adquirimos los apellidos de nuestros padres. Cuando una pareja responde al llamado de Dios, para el ministerio, sus hijos adquieren, el "nombre" de hijo de pastor. No importando que hayan terminado sus funciones activas del ministerio, en toda mención recordatoria de nuestros padres, somos los hijos del pastor. Aunque se hayan ido ya a morar con el señor. Por lo tanto, es necesario vivir como vive el creyente, siempre con la gratitud, por todo lo que Dios ha hecho, y seguirá haciendo para bendecir nuestras vidas. Y nosotros como levitas, honrando ese privilegio que a Dios le plació otorgarnos, ser hijos de un pastor.

Los hijos de pastor
detrás del escenario

Efesios 4:11

Y El mismo constituyo a unos, apóstoles; a otros, profetas,
a otros, evangelistas; a otros, pastores y maestros

En la vida de los hijos del pastor existen dos escenarios, el público y el privado. Dentro del escenario privado existen dos manifestaciones distintas de carácter o manera de pensar. La primera, la de familia, y segunda, el individual de cada hijo. El hijo del pastor, tímido, retraído, no se envuelve abiertamente en todas las actividades relacionadas al ministerio. Ya sea por su carácter o por algún otro motivo. Esta el otro hijo de pastor, extrovertido, demuestra liderazgo, participa en todo, va a todas las actividades. Cuando hay elecciones en su iglesia, lo nominan, y todo el tiempo tiene algo en que ocuparse. Es en este ambiente, que nos desarrollamos. Aparte de la presión por ser hijos de pastor, se lucha con nuestro escenario privado, ya que es ahí donde se manifiestan los celos entre hermanos. Y son nuestros padres los que siempre lidian con ellos. De manera sabia son ellos los que elogian la función de cada hijo, dentro del ministerio pastoral. En el escenario público, Dios comienza a desarrollar, futuros pastores, misioneras, evangelistas, maestros de teología, y diversidad de ministerios. Que mucho nos sorprendemos, cuando vemos que el tímido(a) a Dios le place llamarlos para un ministerio poderoso.

Decimos, él o ella, que no hablaba, nunca se le veía públicamente con liderazgo, ahora Dios le ha llamado. Lo importante, como hijo de pastor, sea en el escenario público, o privado, estar seguro de que estamos haciendo la voluntad del señor, trabajando para su obra. En el escenario público, somos bendecidos, y bendecimos a multitudes públicamente. Mientras que, en el escenario privado, bendices a un sin número de personas, pero anónimamente. Lo real y verdadero, es que llevamos la gracia y favor de Dios. Como hijos de pastores, la familia es la primera iglesia que necesitamos aprender a ministrar. Muchas veces servimos a todos y los nuestros están necesitando que ese ministerio se manifieste a favor de ellos. El hijo del pastor necesita hacer buen uso del tiempo, de manera que no descuidemos el escenario privado. Es en este escenario que intimidamos con Dios, nos capacitamos en la palabra, reflexionamos como mejorar el ministerio, y diariamente crecemos espiritualmente. Aquí se mueve la gracia, la unción, la autoridad, y el poder de Dios. No te limites, no te intimides, cuando Dios te sorprenda y te use de diferentes maneras. Esa presencia, te llena, te suple lo que falta para servir. Ya te convences, aceptas, y tratas de entender el ministerio pastoral de tus padres. Con una sola oración diaria, en este escenario, no tienes idea de la gran cobertura que le brindas a tus padres pastores y demás familias. Mucho más si lo haces varias veces al día.

Ya que haz completado la lectura de este
libro quiero que repitas conmigo:

"Fui, Soy, y seré, hijo(a) de un pastor"

¡Nunca renunciare!

ACERCA DEL AUTOR

Soy Dora L. Rivera. La 2nda. hija de trece hermanos. Mis padres fueron Juan E. Rivera y Justina Rivera. Poseo un Asociado en Administración de Empresas. Me gradué de Bachillerato en Recursos Humanos y Adquirí un certificado en Estudios Teológicos del Instituto Bíblico Mizpa, Centro de Ponce, P.R. de la Iglesia de Pentecostal M.I. Tuve el privilegio de trabajar quince años en la Banca, Centro Hipotecario. Entre otros empleos, trabaje en compañías multiniveles de productos para la salud. Casada con el Sr. Rogelio Santiago. Procreamos dos hijos Rogelio L. Santiago y Christian D. Santiago. Además, Dios nos escogió para que fuéramos los padres de dos hermosos niños que hoy son adultos maravillosos, José A. Santiago y Cristian L. Santiago. Por lo tanto, criamos cuatro hijos. Actualmente resido en Florida. Desde muy niña tuve un sueño, escribía historias, aunque luego destruía los escritos. Hoy comienzo a escribir ya no una historia, en cambio, experiencias vividas y reales como hija de pastor. Ya que tengo la certeza de que será para bendición de muchos hijos de Pastores, aun para pastores y sus esposas. Abracé a temprana edad el compromiso de mis padres y lo hice mío, el ministerio de servir. Primero a Dios, luego a mis padres y hermanos, por ultimo y no menos importantes a los miembros de las Iglesias, donde mis padres eran los pastores.